# Novena de Nossa Senhora do Sion

EDELVAN JOSÉ DOS SANTOS

# *Novena de Nossa Senhora do Sion*

EDITORA SANTUÁRIO

Direção editorial: Pe. Fábio Evaristo R. Silva, C.Ss.R.
Pe. José Luís Queimado, C.Ss.R.
Coordenação editorial: Ana Lúcia de Castro Leite
Copidesque: Luana Galvão
Revisão: Sofia machado
Diagramação e Capa: Mauricio Pereira

Textos bíblicos extraídos da *Bíblia de Aparecida*,
Editora Santuário, 2006.

ISBN 978-65-5527-216-1

1ª impressão



Rua Pe. Claro Monteiro, 342 – 12570-000 – Aparecida-SP
Tel.: 12 3104-2000 – Televendas: 0800 - 0 16 00 04
www.editorasantuario.com.br
vendas@editorasantuario.com.br

# Nossa Senhora do Sion

Afonso Ratisbonne era um jovem de vida desregrada e libertina, pertencente a uma prestigiosa família israelita e muito afamada na cidade francesa de Estrasburgo. Incrédulo aos princípios cristãos, para ele, o que sobressaía era desfrutar a vida, com festas, bebidas e prazeres carnais.

No ano 1842, logo após sua extensa jornada pelo Oriente, Afonso decidiu conhecer Roma, contudo, seu desprezo e sua fúria contra o cristianismo aumentaram, quando presenciou a fome e as mazelas dos judeus, que moravam no gueto romano, julgando aquela lastimável situação ser de responsabilidade da Cúria Romana.

Depois de algum tempo em Roma, Afonso foi visitar um amigo protestante, havia muito tempo que não se encontravam. Ao chegar a sua residência, um dos empregados o conduziu, por engano, até o irmão desse amigo, chamado de barão de Bussières, o qual era católico, convertido do protestantismo.

Em uma conversa agradável, puseram-se a debater sobre questões religiosas; nesse momento, o barão depositou no pescoço de Afonso uma medalha, considerada milagrosa. Embora não se sentindo à vontade com tal presente, ele aceitou o mimo. Além disso, o barão pediu-lhe que copiasse uma poderosa oração a Maria Santíssima.

No dia seguinte, Afonso e o barão encontraram-se novamente, em frente à igreja de Santo André, e entraram no templo. Após algum tempo, impaciente por esperar o barão, que estava na sacristia, Afonso caminhou por todo o interior daquela igreja, na tentativa de deparar-se com alguma obra de arte. Porém, para sua surpresa, uma visão esplendorosa deteve sua atenção.

Nessa aparição, uma mulher dirigiu-se a ele, trajando roupas brancas, com um manto azul nos ombros. Tinha um olhar compassivo com Afonso, além dos braços abertos voltados para ele. De repente, o jovem ateu pôs-se de joelhos, tentou olhar para a encantadora senhora, contudo, a mulher depositou suas mãos sobre a cabeça de Afonso por duas vezes, mantendo-a abaixada.

Assim que o barão de Bussières saiu da sacristia, observou que o companheiro estava ajoelhado. Sem compreender o ocorrido, notou que a face dele estava pálida e banhada em lágrimas. Afonso solicitou falar com o sacerdote, e quando o padre questionou quem era a mulher, ele afirmou-lhe: "Aquela senhora é a Mãe de Jesus, a Virgem Maria!" Após dias de orientação religiosa, ele desejou ser batizado.

Padre Teodoro, irmão de Afonso, comovido pela conversão, almejou fundar uma congregação religiosa, dedicada primordialmente à conversão do povo israelita. Tocados pelo poder do Espírito Santo, depois de muita procura por um nome para a ordem, padre Teodoro abriu um livro, no término da Santa Missa, e a primeira palavra que visualizou foi Sion (Sião). Desse modo, nomearam como Congregação de Nossa Senhora do Sion.

Essa obra missionária chegou ao Brasil no ano de 1889. Inicialmente, instalaram-se no Rio de Janeiro, Petrópolis e São Paulo, em seguida, espalharam-se por outras cidades brasileiras. Fiéis aos preceitos da congregação, as irmãs trabalham pela união entre cristãos e judeus.

Pela iconografia de Nossa Senhora do Sion, podemos observar a Virgem Maria de pé, vestida como as mulheres israelitas, possui uma coroa de quatro pontas em cima de um curto véu. Além disso, segura a sua frente o Menino Jesus, que está sentado sobre suas mãos e de costas para a Mãe. Celebramos a festa litúrgica de Nossa Senhora do Sion em 20 de janeiro.

# *Oração inicial*

– Em nome do Pai, do Filho e do Espírito Santo.
**– Amém!**
– A nossa proteção está no nome do Senhor,
**– que fez o céu e a terra!**
– Ouvi, Senhor, minha oração!
**– E chegue até vós o meu clamor!**

– Vinde, Espírito Santo, enchei os corações de vossos fiéis e acendei neles o fogo do vosso amor. Enviai vosso Espírito, e tudo será criado! E renovareis a face da terra! Oremos: Ó Deus, que instruístes os corações dos vossos fiéis com a luz do Espírito Santo, fazei que apreciemos retamente todas as coisas, segundo o mesmo Espírito, e gozemos sempre da sua consolação. Por Cristo, Senhor nosso. Amém!

**Oferecimento da Novena:** Ó Santa Mãe de Deus, a quem o Pai Onipotente concedeu a honra de ser invocada como Nossa Senhora do Sion, venho, com todo amor e carinho, pedir-te: sê a protetora de meu lar, livra minha família e as famílias do mundo inteiro dos males que possam nos afligir. Salvaguarda-nos e defende-nos de todas as possíveis calamidades, que podem acometer nossos lares (faça seu pedido com fé e esperança). Confiante em teu intermédio, louvamos a Deus eternamente, por ter nos dado uma Mãe sensível a nossos sofrimentos e às tribulações, que atormentam nosso coração. Amém!

# *Oração final*

Ó Virgem do Sion, queremos te agradecer as graças derramadas em nosso lar. Mesmo ingratos a teu amor maternal, jamais nos deixaste abandonados aos perigos deste mundo e sempre estás a nos abençoar, a nos proteger e a nos defender das ciladas do maligno.

Ó Nossa Senhora, Mãe do Sion, mantém-nos na graça de filhos consagrados do Pai, a fim de vivermos na misericórdia divina (rezar 1 Pai-Nosso, 3 Ave-Marias e 1 Glória ao Pai). Derrama sobre as crianças, os jovens e idosos, os enfermos e angustiados, sobre nossa cidade e Pátria as graças necessárias de que teu coração materno sabe que precisamos. Virgem do Sion, confiamos em tua proteção e, já que és nossa Mãe, recebe nossos pedidos e auxilia-nos, segundo o desejo de teu Divino Filho, Jesus Cristo, Nosso Senhor. Assim seja. Amém!

Em nome do Pai, do Filho e do Espírito Santo. Amém!

# 1º Dia

## Virgem do Sion, a filha bendita do Pai

**1. Oração inicial** *(p. 9)*

**2. Palavra de Deus** *(Lc 1,30-33)*

Disse o anjo Gabriel a Maria: “Não tenhas medo, Maria, porque Deus se mostra bondoso para contigo. Conceberás em teu seio e darás à luz um filho e lhe porás o nome de Jesus. Ele será grande e será chamado Filho do Altíssimo. O Senhor Deus lhe dará o trono de Davi, seu pai, e ele reinará para sempre na casa de Jacó. E seu reino não terá fim”.

– Palavra da Salvação.

## 3. Reflexão

Nossa Senhora assumiu, sem reversas, o grande plano arquitetado pelo Altíssimo: ser a geradora do Deus-Filho. Foi escolhida entre todas as mulheres não por casualidade, mas porque possuía um coração sem a mancha do pecado, capaz de habitar o puro amor, que é o próprio Deus-Amor.

A Mãe de Jesus, estando entre os seus aqui na terra, deixou claro sua submissão ao Todo-Poderoso: “Eis aqui a serva do Senhor, faça-se em mim segundo tua palavra” (Lc 1,38). Mesmo sendo a Mãe Celestial, Maria lembra-nos, nessa passagem, o quanto devemos amar, primeiramente, ao Onipotente, que entregou seu Filho para remissão de nossos pecados. Nossa Senhora jamais espera da humanidade título acima do Pai Amantíssimo; ser a Mãe de Deus é o reconhecimento da Igreja de que foi por Maria que o Deus-Filho se fez humano, pela ação do Deus-Espírito, para se cumprir os planos de Deus-Pai.

Ó Virgem do Sion, ensina-nos a aceitar os desígnios do Pai; que abramos nossos olhos à presença de Deus em nosso meio, como aconteceu aquele dia, quando apareceste ao jovem Afonso. Obrigado, Mãe piedosa, por ser templo vivo do Espírito Santo para nossa salvação.

– Nossa Senhora do Sion, cheia de graça, roga por nós, pecadores, agora e na hora de nossa morte. Amém!

**Oração final** *(p. 11)*

# 2º Dia

## Virgem do Sion, a discípula do Senhor

**1. Oração inicial** *(p. 9)*

**2. Palavra de Deus** *(Lc 1,39-42.45)*

Naqueles dias, Maria partiu em viagem, indo às pressas para a região montanhosa, para uma cidade da Judeia. Entrou na casa de Zacarias e cumprimentou Isabel. Logo que Isabel ouviu a saudação de Maria, o menino saltou em seu seio, e Isabel ficou cheia do Espírito Santo e exclamou em alta voz: "Tu és bendita entre as mulheres e bendito é o fruto de teu ventre! Bem-aventurada aquela que acreditou que se cumpriria o que lhe foi dito da parte do Senhor!"

– Palavra da Salvação.

### 3. Reflexão

Sinal de solidariedade, Maria é a perfeita entre todas as mulheres, digna do Amor, gerado em seu ventre. Refletindo sobre a visita de Nossa Senhora a sua prima Isabel, percebemos que, embora fosse apenas uma jovem, Maria já demonstrava preocupação com o próximo, quando disse seu "sim" ao anjo Gabriel. Surpreendeu a parenta com o gesto nobre, pois deixou seus aposentos, estando grávida, para servir a futura mãe de João Batista, ainda que tivesse de caminhar longínqua distância.

Ó Maria Santíssima, Mãe do Sion, em teu colo traz nosso Jesus, mostrando-nos que teu filho reina eternamente e que somente a Ele devemos adorar, por tão grandioso gesto de amor. Ó Nossa Senhora, intercede junto a Deus para que sejamos lembrados como herdeiros da salvação, prometida por Jesus. Com o coração contrito, comprometemos a renunciar toda manifestação do pecado em nossa vida, pois queremos honrar o sacrifício de teu Filho, zelando por nosso corpo e nossa alma, templo e altar do Espírito Santo.

Peçamos à Mãe do Sion sua benevolência para nos socorrer nos momentos de perigo e desespero, em que o mal tenta implantar em nosso coração a cultura da morte pela exploração, pelo aborto, pela pena de morte. Que Cristo seja a luz que nos guia rumo à graça do Pai. Amém!

– Nossa Senhora do Sion, cheia de graça, roga por nós, pecadores, agora e na hora de nossa morte. Amém!

**4. Oração final** *(p. 11)*

# 3º Dia

## Virgem do Sion, a humilde Mulher de Nazaré

**1.Oração inicial** *(p. 9)*

**2. Palavra de Deus** *(Lc 1,46-49)*

Disse Maria a Isabel: "Minha alma engrandece o Senhor, e meu espírito se alegra em Deus, meu Salvador, porque Ele olhou para sua humilde serva; pois daqui em diante todas as gerações proclamarão que sou feliz! Porque o Todo-Poderoso fez por mim grandes coisas e santo é seu nome".

– Palavra da Salvação.

**3. Reflexão**

"Se alguém quer ser o primeiro, seja o último de todos e o servo de todos" (Mc 9,35). Esse pensamento de Cristo expressa a humildade almejada por Deus para cada filho seu, mas, muitas vezes, as pessoas são levadas pela competitividade desenfreada e acabam desmerecendo a muitos por estarem em último lugar; assim sendo poucos são exaltados. Essa opressão fere a dignidade humana e faz muitos se sentirem arrasados, depreciados, por não conseguirem aquilo que poucos obtiveram.

A postura da Virgem Maria releva sua nobreza de espírito. Jamais quis ser glorificada por ser a bendita entre todas as mulheres e manteve o coração sereno e despretensioso. Caminhou conforme a vontade do Pai, sendo simplesmente a humilde colaboradora do Reino dos Céus.

Como é belo ver alguém se destacar em seu trabalho, mantendo a humildade naquilo que faz; ter talentos e dons admiráveis, sem se deixa guiar pela soberba, sabendo reconhecer sua pequenez diante da majestade de Deus.

Nossa Senhora do Sion, diante de tua majestosa pureza, ajuda-nos a possuir um coração semelhante ao de Cristo. Pedimos-te ainda: intercede por nós, teus filhos pecadores, que somos incrédulos e desistimos de servir firmemente aos preceitos do Pai. Queremos lutar em favor dos irmãos excluídos e, se preciso, sofrer com eles pela construção de uma sociedade justa e mais solidária. Mãe, sê nossa companhia nos momentos de desânimo e faz de teus filhos promotores da paz. Amém!

– Nossa Senhora do Sion, cheia de graça, roga por nós, pecadores, agora e na hora de nossa morte. Amém!

**4. Oração final** *(p. 11)*

# 4º Dia

## Virgem do Sion, a Mãe Amável

**1. Oração inicial** *(p. 9)*

**2. Palavra de Deus** *(Ap 12,1-2.5)*

Um grande sinal apareceu no céu: uma Mulher vestida com o sol, tendo a lua sob os pés e uma coroa de doze estrelas na cabeça. Estava grávida e gritava de dor, angustiada para dar à luz. Ela deu à luz um filho, um menino, aquele que vai governar todas as nações com cetro de ferro. Mas seu filho foi arrebatado para junto de Deus e de seu trono.

– Palavra do Senhor.

### 3. Reflexão

Com que profundidade Maria quer nos atrair a seu doce coração? Ela quer sempre deixar evidente, em suas aparições, que não devemos nos desesperar diante de qualquer tribulação, seja na doença, no sofrimento ou na dor, se confiamos nossa vida primeiramente ao Deus-Trino e em suas mãos maternais.

Nossa Senhora do Sion é a Virgem generosa, transbordante de bondade para com os filhos pecadores. Sempre percebemos o quanto Maria mostra-se piedosa com a dor dos humilhados, revela-nos que Deus se compadece com todos que sofrem e, sobretudo, revela-nos que devemos nos colocar a serviço do Altíssimo para depois preocuparmos com as coisas terrenas.

Tão imensurável é o amor do Pai que nos ofereceu uma Mãe que abraça a toda criatura, a todos os povos. Agraciados somos os filhos de Deus por não nos deixar desamparados em um mundo marcado pela violência, pelo sofrimento e pela exclusão. Obrigado, meu Senhor, por nos dar uma Mãe tão amável!

– Nossa Senhora do Sion, cheia de graça, roga por nós, pecadores, agora e na hora de nossa morte. Amém!

**4. Oração final** *(p. 11)*

# 5º Dia

## Virgem do Sion, a defensora da Paz

**1. Oração inicial** *(p. 9)*

**2. Palavra de Deus** *(Mt 2,13-15)*

Um anjo do Senhor apareceu em sonho a José e lhe disse: "Levanta-te, toma o menino e a mãe dele e foge para o Egito. Fica lá até eu te avisar, porque Herodes vai procurar o menino para matá-lo". José levantou-se, tomou de noite o menino e a mãe dele e partiu para o Egito. Ficou lá até a morte de Herodes, para se cumprir o que o Senhor falara pelo profeta, com as palavras: "Do Egito chamei meu filho".

– Palavra da Salvação.

### 3. Reflexão

Vivemos em uma sociedade que se vangloria dos avanços da ciência e da tecnologia e que, por vezes, desrespeita e ameaça a vida. Junto ao progresso, lamentavelmente cresce a cultura da morte pelo terrorismo, tráfico humano, pela violência doméstica e urbana.

Maria, a Virgem do Sion, é sinal autêntico de Mãe que protege a vida. Foge às pressas da perversidade de Herodes, que queria conservar seu poder acima de qualquer custo. Hoje encontramos vários Herodes pelo mundo, que, por causa de interesses políticos e de grupos de influência, criam leis para interromper a vida de inocentes indefesos.

Ó Nossa Senhora, inúmeros agradecimentos te dirigimos, pois infinitas são as graças concedidas aos filhos de Deus. Que seria da humanidade se não tivéssemos teu auxílio? Estaríamos entregues à própria sorte sem teu cuidado maternal, andaríamos sem rumo e sem ânimo neste mundo traiçoeiro. Mas, ó minha Mãe, és minha esperança, meu refúgio e minha proteção todos os dias de minha vida.

Prostrados diante de Cristo, peçamos ao Vencedor da morte e a Nossa Senhora do Sion que toquem no coração dos insensatos do poder. Peçamos a Sabedoria e o Entendimento ao Espírito Santo, que agiu no ventre materno de Maria, e também que Ele restaure o ser dos promotores da morte e torne-os criaturas mais humanas e defensoras da paz. Assim seja. Amém!

– Nossa Senhora do Sion, cheia de graça, roga por nós, pecadores, agora e na hora de nossa morte. Amém!

**4. Oração final** *(p. 11)*

# 6º Dia

## Virgem do Sion, a Mãe sofredora

**1. Oração inicial** *(p. 9)*

**2. Palavra de Deus** *(Lc 2,33-35)*

José e Maria estavam maravilhados com as coisas que dele se diziam. Simeão os abençoou e disse a Maria, sua mãe: "Este menino vai causar a queda e a elevação de muitos em Israel; ele será um sinal de contradição; a ti própria, uma espada te traspassará a alma, para que se revelem os pensamentos de muitos corações".

– Palavra da Salvação.

**3. Reflexão**

O destino da humanidade foi modificado quando Maria aceitou o projeto da salvação! Sua vida também foi drasticamente transformada, pois passaria por muitas provações diante de seu povo. Imaginemos que pesaroso foi o momento em que negaram lugar para o nascimento de Jesus e que aflição quando o Filho se perdeu no templo! Mais terrível foi o passar dos dias de Maria por saber que se aproximava a morte do Salvador.

A Virgem do Sion é a Senhora das Dores, Mãe de mil títulos, Mãe digna de exaltação! É a bem-querida aos olhos de Deus, pois, terminada sua missão terrena, foi elevada aos céus de corpo e alma; entretanto mantém-se presente em nossa vida, filhos pecadores, não nos esquece, por isso quer nos atrair para Deus por sua intercessão.

Em nossos dias, Maria continua sofrendo... Sofre quando humilham o pobrezinho, matam o indefeso, julgam sem dó nem piedade o semelhante. Nossa Senhora do Sion é a Medianeira das Graças, e Deus, nosso Pai, infinitamente misericordioso, ama-nos e espera por mudança em nossas atitudes levianas.

Ó Mãe, ajuda-nos a modificar os maus atos em ações agradáveis ao Pai. Faz de nosso coração verdadeiro sacrário de amor, capaz de amar o outro sem discriminação e sem interesses. Obrigado por teu cuidado maternal! Amém.

– Nossa Senhora do Sion, cheia de graça, roga por nós, pecadores, agora e na hora de nossa morte. Amém!

**4. Oração final** *(p. 11)*

# 7º Dia

## Virgem do Sion, a intercessora das famílias

**1. Oração inicial** *(p. 9)*

**2. Palavra de Deus** *(Eclo 3,3-7.14-17)*

Deus glorifica o pai nos filhos e confirma a autoridade da mãe sobre eles. Quem honra o pai intercede pelos pecados, evita cair neles e é ouvido em sua oração diária. Quem honra a mãe é como alguém que acumula tesouros. Quem honra o pai terá alegria em seus filhos e será ouvido no dia de sua oração. Quem honra o pai terá vida longa; quem obedece ao pai dá consolo à mãe. Filho, ajuda teu pai na velhice, não o entristeças durante sua vida. E, se ele perder a lucidez, sabe desculpar e não o desprezes em nenhum dia de sua vida. Porque a bondade com o pai não será esquecida, mas será plantada em lugar de teus pecados e contada para ti como justiça.

– Palavra do Senhor.

### 3. Reflexão

A leitura de hoje nos aponta como o Altíssimo espera que vivamos em família. Pai e mãe, que respeitam seus filhos e os educam na Lei de Deus, serão amparados em sua velhice, pois o amor gera mais amor. Se unidos estamos a Cristo, Ele jamais nos deixará sem consolo nos últimos dias de vida.

Sabemos que nossa permanência nesta terra não é um "mar de rosas", pois, nessas águas, também encontramos espinhos que ferem a alma. Quantos lares são bombardeados pela semente da discórdia entre pais e filhos, pela traição do casal, pela disputa de bens materiais!

Eis que, no desespero e na desesperança, surge uma Mulher, a Virgem do Sion, coroada como Rainha por vontade do Pai. Foi concedido a ela o poder para defender os lares abalados pelo pecado, o qual pode destruir o maior tesouro que a família pode receber: a salvação de Cristo.

Depositemos nas mãos de Nossa Senhora do Sion os problemas que insistem em permanecer em nosso lar. Permitamos que o Espírito Santo adentre nossa alma e ilumine as feridas abertas pela falta de diálogo e perdão. Concedei-nos, Deus-Pai, os dons espirituais necessários à santificação de nossa família, para que nunca separemos do amor de Jesus Cristo, nosso Senhor. Amém!

– Nossa Senhora do Sion, cheia de graça, roga por nós, pecadores, agora e na hora de nossa morte. Amém!

**4. Oração final** *(p. 11)*

# 8º Dia

## *Virgem do Sion, a cooperadora de Cristo*

**1. Oração inicial** *(p. 9)*

**2. Palavra de Deus** *(Jo 2,1-5)*

Houve uma festa de casamento em Caná da Galileia e lá se encontrava a mãe de Jesus. Também Jesus foi convidado para a festa junto com seus discípulos. Faltando o vinho, a mãe de Jesus lhe disse: "Eles não têm mais vinho". Respondeu-lhe Jesus: "Mulher, que importa isso a mim e a ti? Minha hora ainda não chegou". Sua mãe disse aos serventes: "Fazei tudo o que ele vos disser".

– Palavra da Salvação.

### 3. Reflexão

Tudo estava em perfeita ordem na festa de casamento em Caná, mas, inesperadamente, o vinho veio a faltar. Embora os convidados não tenham notado a escassez da bebida, havia uma mulher atenta aos acontecimentos, preocupada com o bem-estar de todos. Essa mulher, Maria de Nazaré, recorreu ao poder de seu filho, Jesus e o milagre da transfiguração da água em vinho salvou aquela celebração festiva do fracasso.

Jesus Cristo sempre teve a seu lado a colaboradora da salvação. Além de ser templo vivo do Espírito Santo, Nossa Senhora assistiu o Filho em muitos momentos difíceis. Embora Cristo não necessitasse de auxílio, a Mãe queria demonstrar ao mundo que, após a ascensão de seu Filho, ela estaria a nosso lado, intercedendo nas situações de angústia e desalento.

Em nossa família, qual o “vinho” que nos falta? No trabalho e nos projetos pessoais, em quais ocasiões ficamos desorientados quando percebemos que o “vinho” pode acabar? Sim, falta-nos o vinho da esperança, da compreensão, do respeito e, sobretudo, o vinho do amor e do perdão.

Ó Virgem do Sion, passa à frente de nossos medos, não permitas que, ao cairmos pelo cansaço, desistamos de levantar. Queremos caminhar com Cristo, curando as feridas do irmão sofredor, pois a humanidade necessita de discípulos atentos à festa do reencontro, quando o Senhor irá retornar a este mundo e separará o joio do trigo. Cuida de nosso coração, ajuda-nos a encontrar as respostas nas incertezas da vida. Obrigado por ser nossa intercessora e por nunca se esquecer de seus filhos, pecadores. Amém!

– Nossa Senhora do Sion, cheia de graça, roga por nós, pecadores, agora e na hora de nossa morte. Amém!

**4. Oração final** *(p. 11)*

# 9º Dia

## Virgem do Sion, Mãe dos Cristãos

**1. Oração inicial** *(p. 9)*

**2. Palavra de Deus** *(Jo 19,25-27)*

Junto à cruz de Jesus estavam de pé sua mãe, a irmã de sua mãe, Maria, mulher de Cléofas, e Maria Madalena. Jesus, vendo sua mãe e, perto dela o discípulo que amava, disse a sua mãe: "Mulher, eis aí teu filho". Depois disse ao discípulo: "Eis aí tua mãe". E, desta hora em diante, o discípulo acolheu-a em sua casa.

– Palavra da Salvação.

### 3. Reflexão

Estando na cruz, Jesus Cristo ofereceu sua própria mãe, como eterno intermédio dos Cristãos. Maria soube ser a Mãe fidelíssima, enquanto o Salvador esteve neste mundo! Por extremo amor, Ele não deixou Nossa Senhora desamparada e, do mesmo modo, João também não foi esquecido.

Naquele momento, Cristo consagrou a Virgem Maria como mãe de toda a humanidade, dando-lhe a missão de amparar aqueles que recorrem à graça divina. Realmente, maior presente nós jamais receberemos, pois fomos agraciados com o puro amor da Mãe de Cristo, que reconforta as almas, quando clamamos por misericórdia.

Hoje, queremos exaltar a Deus-Pai pelas bênçãos derramadas em nosso lar, sob a intercessão de Nossa Senhora do Sion. Ela apresenta em seu colo o Menino Jesus, que estende os braços e nos protege de todos os males. Ó Maria Santíssima, termino minha novena suplicando perdão pelos erros cometidos contra o Sagrado Coração de Jesus e teu Sagrado Coração.

Comprometo-me a viver a conversão, a penitência e o temor de Deus, virtudes indispensáveis para minha salvação. Protege minha família dos falsos amores, abençoa os sacerdotes e sua vocação, enfim santifica todas as almas aflitas e pecadoras, que se desviaram do Verdadeiro Amor. Em nome do Pai, do Filho e do Espírito Santo. Amém!

– Nossa Senhora do Sion, cheia de graça, roga por nós, pecadores, agora e na hora de nossa morte. Amém!

**4. Oração final** *(p. 11)*

Este livro foi composto com as famílias tipográficas Calibri e Bellevue impresso em papel Offset 75g/m² pela **Gráfica Santuário.**